Vente du Samedi 24 Novembre 1877

HOTEL DROUOT, SALLE N° 7

MAGNIFIQUES

ÉTOFFES BRODÉES

BRONZES, ÉMAUX CLOISONNÉS

ANCIENNES PORCELAINES DE LA CHINE

FORMANT EN MAJEURE PARTIE LA

Collection de M. de P...

Ancien premier secrétaire d'Ambassade à Pékin

EXPOSITION PUBLIQUE

Le Vendredi 23 Novembre 1877, de 1 heure 1/2 à 5 heures 1/2.

Me ESCRIBE	M. BLOCHE

PARIS — 1877

Ve RENOU, MAULDE et COCK

IMPRIMEURS DE LA COMPAGNIE DES COMMISSAIRES-PRISEURS

Rue de Rivoli, 144.

CATALOGUE

ÉTOFFES BRODÉES

Tentures, Panneaux, Couvre-Lits, Portières, Écrans
Bandeaux, Coussins

BRONZES, ÉMAUX CLOISONNÉS

ANCIENNES PORCELAINES DE LA CHINE

De la famille rose et de la famille verte

FORMANT EN MAJEURE PARTIE LA

Collection de M. de P...

Ancien premier secrétaire d'Ambassade à Pékin

DONT LA VENTE AURA LIEU

HOTEL DROUOT, SALLE Nº 7

Le Samedi 24 Novembre 1877

A UNE HEURE ET DEMIE PRÉCISES

La Vacation étant chargée)

Par le ministère de Mᵉ **ESCRIBE**, Commissaire-Priseur,
rue de Hanovre, 6,

Assisté de **M. BLOCHE**, Expert, boulevard Montmartre, 19.

EXPOSITION PUBLIQUE

Le Vendredi 23 Novembre 1877, de 1 heure 1/2 à 5 heures 1/2.

PARIS — 1877

CONDITIONS DE LA VENTE

La vente sera faite au comptant.

Les Adjudicataires paieront, en sus des enchères, CINQ CENTIMES PAR FRANC, applicables aux frais.

DÉSIGNATION

ÉTOFFES

1 — Magnifique Panneau de grande dimension en satin
rouge richement brodé d'or et de soie, représentant au centre une Chinoise dans un paysage;
en haut des groupes de personnages dans diverses attitudes ; sur les côtés, des attributs et, en
bas, des pagodes dans un paysage.

2 — Très-belle Tenture, composée de trois panneaux
de satin fond noir, offrant en riche broderie
d'or et de soie des dragons à cinq griffes sur
les flots de la mer, se détachant au milieu de
nuages, de chauve-souris et d'oiseaux.

3 — Très-belle Portière en drap rouge, offrant en broderie de soie et d'or un vieillard offrant un fruit
à trois jeunes Chinoises. Travail d'un grand
caractère.

4 — Très-beau Tapis de table, de forme rectangulaire,
en satin rouge, offrant en riches broderies de
soie et d'or des scènes à jeux d'enfants. Com-
position d'une foule de figures.

5 — Magnifique grand Panneau en drap rouge, offrant
en broderies de soie argentées et de couleur des
cigognes aux ailes éployées.

6 — Douze beaux Panneaux en drap rouge, richement
brodés de soie et d'or, représentant des chimères
et des jardinières.

7 — Quatre beaux Panneaux carrés en drap rouge,
offrant en broderie de soie et d'or des chimères
et des petites bandes représentant une suite de
chimères.

8 — Huit Coussins en drap rouge, représentant, au
centre, des chimères; sur les bords, des fleurs en
broderie de soie et d'or.

9 — Deux jolis Panneaux en satin rouge, offrant en
broderie de soie des médaillons à paysages et
des ornements.

10 — Deux beaux petits Panneaux en satin bleu, richement brodés de personnages en or et soie; bor-
dures à petits dessins.

11 — Quatre Panneaux en satin bleu brodé, à fleurs en
soie de diverses couleurs.

12 — Deux petites Bandes en satin jaune brodé de fleurs
en soie.

13 — Beau Tapis de table en satin bleu clair broché, à
médaillons et à fleurs.

14 — Bel Écran en satin gris brodé de soie, à plantes
variées.

15 — Belle Casaque en gaze de soie rouge, richement brodée d'attributs en soie.

16 — Belle Casaque en satin bleu clair broché de fin et de soie de couleur, offrant comme dessins des dragons et autres motifs.

17 — Très-belle Casaque en satin bleu richement brodé de cachets à fleurs et d'attributs en soie de diverses nuances.

18 — Belle Casaque en satin gros bleu, broché de soie verte, représentant des plantations chinoises.

19 — Beau Couvre-Lit en soie brochée fond rouge avec arabesques en gris.

20 — Beau Bandeau en soie verte finement brodée de soie et d'or, représentant des scènes chinoises et des fleurs.

21 — Deux Coussins fond noir brodés d'or

22 — Deux Coussins fond bleu en soie brochée.

ÉMAUX CLOISONNÉS, BRONZES

23 — Paire de grandes et belles Bouteilles en émail cloisonné de la Chine; décor fond bleu turquoise rehaussé d'oiseaux, d'insectes et de fleurs en couleur,

24 — Coupe en ancien émail cloisonné de la Chine.

25 — Tasse en ancien émail cloisonné de la Chine.

26 — Deux Vases à quatre faces en bronze ancien de la Chine.

27 — Petit Brûle-Parfums en bronze ancien du Japon, orné d'anses à dragons.

28 — Deux Étriers en bronze niellé d'argent. Travail ancien.

29 — Brûle-Parfums rectangulaire, panse décorée de caractères, couvercle surmonté d'un dragon.

30 — Bouteille à col gracieux, panse ornée de bas-relief, ornée d'anses.

31 — Brûle-Parfums, forme vase de l'époque primitive, orné de bas-reliefs, socle et couvercle en bois sculpté.

32 — Jardinière rectangulaire, décorée d'un côté d'une rosace, de l'autre d'inscriptions, patine jaune.

33 — Oiseau fantastique, rehaussé de vestiges d'or et d'argent.

34 — Dragon en bronze, sur socle en bois sculpté.

35 — Statuette équestre, formant cassolette.

36 — Figurine représentant un mendiant.

37 — Divinité sur éléphant en bronze ancien de la Chine.

38 — Belle Jardinière rectangulaire en cuivre repoussé
et doré, à feuillages, fleurs et rocailles, avec
médaillons réservés en émail peint de la Chine,
représentant des scènes pastorales, époque
Louis XIV.

39 — Chimère en bronze ancien du Japon.

———

PORCELAINES

40 — Beau Vase cylindrique en ancienne porcelaine de
la Chine, famille verte; décor médaillons fond
blanc à dragons, fleurs et poissons, encadrements fond rouge rehaussé d'arabesques réservées en blanc, de fleurs et d'insectes en couleur.

41 — Beau Vase en ancienne porcelaine de la Chine,
famille verte, offrant, sur la panse, des sujets de
combats ; sur le col, une frise à arabesques,
fleurs et médaillons.

42 — Grand Vase en porcelaine de la Chine, panse aplatie ; décor fond bleu pointillé à fleurs en émaux
de couleurs, médaillons à personnages, anses
formées de figures en haut-relief.

43 — Grand Vase de Chine; décor à cortége.

44 — Grand Vase en ancienne porcelaine de la Chine,
famille verte, décoré de personnages et d'animaux.

45 — Grand Vase de la Chine fond brun craquelé, anses
et frises bronzées.

46 — Vase de Chine; décor au dragon sur un fond de
nuages en bleu sur blanc.

47 — Grande et belle Bouteille en ancienne porcelaine
de la Chine, panse aplatie; décor à rosaces avec
partie centrale en ressaut en bleu sur blanc.

48 — Grande Bouteille en ancienne porcelaine de la
Chine, famille des céladons, bleu turquoise,
truité fin.

49 — Petit Vase en vieux Chine, fond à fleurs, médaillons à figures.

50 — Vase en vieux Chine, panse aplatie; décor à
figures.

51 — Vase élevé sur socle en vieux Chine, à quatre faces;
décor à figures de la famille rose.

52 — Deux Cornets de Chine fond vert rehaussé de
de fleurs, d'entrelacs et d'insectes en couleur.

53 — Bouteille en vieux Chine; décor en bleu sur blanc,
dragon en relief.

54 — Deux Groupes en vieux Chine, famille verte.

55 — Deux Bouteilles; décor dit flambé.

56 — Vase cylindrique; décor dit flambé.

57 — Porte-Bouquet de Chine, composé d'un groupe de
neuf vases; décor polychrome.

58 — Cache-Pot de Chine; décor à figures en blanc et
en relief se détachant sur des nuages dessinés
en bleu.

59 — Coupe en ancienne porcelaine de Chine, famille
des céladons, offrant sur le bord des fruits, et
des crapauds en relief.

60 — Deux Plats en vieux Chine; décor fleur au centre;
médaillons à fleurs sur les bords.

61 — Plat en vieux Chine; décor au dragon en bleu et
rouge au centre et au revers.

62 — Grand Plat de Chine fond rose, à fleurs et entrelacs
en couleur.

63 — Deux grands Plats ronds de Chine; décor dah-
lias, oiseaux et branchages.

64 — Grand Plat; même décor sur fond vert.

65 — Grand Plat; décor en grisaille, paysage animé de
figures.

66 — Deux Compotiers en vieux Chine, décorés de dragons en bleu sur blanc.

67 — Deux Compotiers en vieux Chine fond rouge,
fleurs réservées en blanc.

68 — Jardinière en gris craquelé de Chine.

69 — Grand Bol; décor à fleurs en bleu sur blanc.

70 — Deux Bols à pans fond blanc gravé, décorés de
personnages sur dragons en couleur et or.

71 — Deux Compotiers fond blanc gravé, fleurs en couleur.

72 — Deux Bols fond rouge, entrelacs réservés en blanc.

73 — Deux Bols de la famille verte; décor dragons et chimères.

74 — Plateau carré; décor fleurs et dragons, époque primitive.

75 — Deux Compotiers décorés de rosace au centre; d'objets d'ameublement et de fleurs sur les bords.

76 — Quatre Compotiers décorés d'arabesques en vert au centre, de fleurs et d'objets d'ameublement sur les bords.

77 — Deux Compotiers; décor rosaces, arbres et fleurs.

78 — Deux Compotiers; décor jeux d'enfants.

79 — Deux Compotiers; décor fruits et fleurs.

80 — Quatre Compotiers; décor à arabesques en vert et or.

81 — Deux Compotiers en vieux Chine; décor bleu sur blanc.

82 — Deux Compotiers en vieux Chine; décor au dragon en jaune et vert sur fond bleu.

83 — Deux Plats fond rouge, fleurs en couleur.

84 — Compotier; décor à fruits au centre; feuillage sur les bords.

85 — Plat en vieux Chine; décor paysage en bleu, bords à jour.

86 — Compotier en vieux Chine, décoré de dragon et d'oiseau fantastique en polychrome.

87 — Compotier décoré d'une rosace au centre; d'objets d'ameublement et de fleurs sur les bords.

88 — Compotier décoré de fruits et de fleurs.

89 — Compotier creux; décor à attributs et arabesques au revers.

90 — Quatre petits Compotiers; décor oiseaux et paysages.

91 — Deux Coupes sur piédouches; décor polychrome.

92 — Quatre Soucoupes en vieux Chine, décorées d'objets d'ameublement.

93 — Bol décoré de fruits, d'oiseaux et d'arbres.

94 — Deux Bols fond jaune gravé; décor à médaillons de fleurs et d'animaux.

95 — Deux Soucoupes en vieux Chine; décor en bleu sur blanc.

96 — Quatre autres Soucoupes décorées de rosaces au centre; de médaillons sur les bords.

97 — Deux autres Soucoupes décorées de poissons et d'attributs.

98 — Quatre Soucoupes; décors divers.

99 — Trois autres Soucoupes fond rouge, dessins réservés en blanc.

100 — Boîte de Chine fond rouge; dessins polychromes.

101 — Quatre jolis Flacons en vieux Chine; décors divers
en relief et couleur.

102 — Deux Vases fond craquelé; figures en bleu.

103 — Vase, de forme surbaissée, avec couvercle en vieux
Chine, décoré de dragons en bleu sur blanc.

104 — Paire de Vases avec couvercles décorés de médaillons à figures en bleu sur blanc.

105 — Deux Cornets; décor analogue.

106 — Deux Vases et deux Cornets; décor à personnages
et dragons.

107 — Soucoupe fond rouge; dessin réservé en blanc.

108 — Porte-Bouquet; décor dit flambé.

109 — Jardinière en vieux Chine, famille verte, forme cul-
de-poule; décor à personnages.

110 — Petit Brazéro tripode en vieux blanc de Chine;
socle en bois de fer.

111 — Grand Vase en vieux Chine; décor oiseaux et
fleurs.

112 — Jardinière, forme sphérique, en vieux Chine; décor
représentant une famille chinoise.

113 — Trois petites Jardinières en gris craquelé de la
Chine ancien.

114 — Sucrier en vieux Chine; décor intérieur chinois.

115 — Grand Vase, forme balustre renversé, en vieux
Chine; décor en grisaille et or représentant des
fleurs de pêcher.

116 — Grand Vase fond bleu de roi.

117 — Vase avec couvercle, fond gros bleu.

118 — Gourde en vieux Chine, famille verte; décor à
figures.

119 — Deux Bols en vieux Chine, décorés de poissons.

120 — Petite Jardinière de Kien-Long, fond vert et médaillons à paysages.

121 — Coupe en vieux Chine, fond violet.

122 — Brûle-Parfums tripode fond vert clair, arabesques
en couleur.

123 — Bouteille fond vert à insectes et fleurs.

124 — Deux Appliques, forme gourde en vieux Chine,
fond à grecques rouges et rehauts d'or.

125 — Deux Plats fond bleu à rehauts d'or.

126 — Deux Plats décorés de paysages en bleu, bords à
jour.

127 — Grand Bol en vieux Chine; intérieur à bords gau-
frés; extérieur à paysage en bleu sur blanc.

128 — Grand Plat de l'époque des Mings, portant une
signature, décoré de poissons et de plantes aqua-
tiques.

129 — Bol carré fond rouge, à fleurs et insectes.

130 — Plat rond de la famille rose ; décor coquet, poules au centre ; bords à carrelages.

131 — Deux Plats de la famille verte; décor à figures.

132 — Grande Jardinière rectangulaire en ancienne faïence de la Chine ; décor à paysages dessinés en bleu.

133 — Plat rond en vieux Chine, famille verte; décor à poissons et fleurs.

134 — Jardinière tripode en vieux Chine, famille verte, à figures.

135 — Petit Vase en vieux craquelé de Chine.

136 — Petite Jardinière rectangulaire ; décor en bleu sur blanc.

137 — Boîte avec couvercle de la famille rose; décor à figures et à rehauts d'or.

138 — Deux Boîtes cylindriques à quatre compartiments en vieux Chine, famille verte; décor à objets d'ameublement et fleurs.

139 — Petit Vase de Kien-Long, fond vert gravé, fleurs en couleur.

140 — Cage à six pans à jour en blanc de Chine, encadrements bleus.

141 — Deux Coupes sur piédouche; décor de jardinière.

142 — Petit Vase, forme boule, en vieux Chine; décor à fleurs et feuillages.

143 — Deux Bols en vieux Chine; décor au dragon en rouge sur fond bleu lapis.

144 — Deux Jardinières oblongues en vieux Chine ; décor à chimères et fleurs.

145 — Jeu de dix Bols à figures.

146 — Bonbonnière de la famille verte; décor à figures.

147 — Deux Assiettes; décor bleu et or.

148 — Deux Compotiers en vieux Japon; décor bleu, rouge et or.

149 — Grand Bol fond bleu.

150 — Trois Tasses avec présentoirs; décor à petits personnages.

151 — Jardinière ovale; décor à figures, sur socle en bois.

OBJETS DIVERS

152 — Petit Meuble en bois de fer sculpté.

153 — Deux Pipes, dont une en galuchat.

154 — Lot de Socles en bois sculpté.

155 — Applique en bois et laqué, ornée de personnages en ivoire sculpté et jade.

156 — Deux Dessus de brosses en jade blanc sculpté.

Vᵉˢ Renou, Maulde et Cock, imprˢ de la Compagnie des Commissaires-Priseurs, rue de Rivoli, 144. 30839